Parraíso del ton[t]o (un) solemne

Parradise of (a) Solemn Simpleton[e]

PREMIO INTERNACIONAL DE POESÍA
NUEVA YORK POETRY PRESS

Colección

Collection

INTERNATIONAL POETRY AWARD
NUEVA YORK POETRY PRESS

Christopher Amador

**PARRAÍSO DEL TON[T]O
(UN) SOLEMNE**

*PARRADISE OF (A) SOLEMN
SIMPLETON[E]*

Traducido por / Translated by

Jeremy Padem

Nueva York Poetry Press LLC
128 Madison Avenue, Office 2RN
New York, NY 10016, USA
Telephone number: +1(929)354-7778
nuevayork.poetrypress@gmail.com
www.nuevayorkpoetrypress.com

Paraíso del ton[t]o (un) solemne
Parradise of (a) Solemn Simpleton[e]

© 2025 Christopher Amador
(Christopher Alexter Amador Cervantes)

© Translator:
Jeremy Padem

ISBN: 13: 978-1-958001-38-7

© *Poetry Collection:*
Premio Internacional de Poesía Nueva York Poetry Press

© Publisher & Editor-in-Chief:
Marisa Russo

© Editor:
Francisco Trejo

© Cover Designer:
William Velásquez

© Layout Designer:
Moctezuma Rodríguez

©Author's Photo:
Lilian Palacios

Amador, Christopher
Parraíso del ton[t]o (un) solemne / Parradise of (a) Solemn Simpleton[e] / Christopher Amador. 1ª ed. New York: Nueva York Poetry Press, 2023, 202pp. 5.25" x 8".

1. Mexican American Poetry.   1. Latin American Poetry

All rights reserved. No part of this publication may be reproduced, distributed, or transmitted in any form or by any means, including photocopying, recording, or other electronic or mechanical methods, without the prior written permission of the publisher, except in the case of brief quotations embodied in critical reviews and certain other non-commercial uses permitted by copyright law. For permissions contact the publisher at: nuevayork.poetrypress@gmail.com.

III Premio Internacional de Poesía
Nueva York Poetry Press
2022
Obra ganadora

Jurado

Carmen Ollé
Javier Alvarado
Iván Cruz Osorio
Carmen Palomino Pinel

Jury

III International Poetry Award
Nueva York Poetry Press
2022
Winning Work

A mi modo de ver
ha llegado la hora de modernizar
esta ceremonia
NICANOR PARRA

According to how I see it
it's about time to update
this ceremony
NICANOR PARRA

Parraíso del ton[t]o (un) solemne

Parradise of (a) Solemn Simpleton[e]

Manual para imitar la voz de Parra

Ante el espejo del mar de Chile usted repita: encontré a la vanguardia demasiado corriente. Huidobro había por fin tocado tierra, su paracaídas nos cayó encima y: o nos asfixiaba o salíamos de él a gatas. Desplazándome a niveles bajos, arrastrado entre los pies del hombre masa *e*co-mprendí el ridículo del que busca colocarse un hombro más arriba de su prójimo estando el verso tan parejo. En la desacralización del Yo p(r)o(f)ético tuve que descomponer el aburrido sonsonete que era moda en sindicatos de mineros y salones de burgueses. Basta ya de tomarse tan en serio el gorrión que va pasando —pensé—: nos vamos a morir, la frase está hecha. Suplí la grandilocuencia en turno por el tono m[ag]istral. Borges y Octavio nos querían guiar la ceguera en los laberintos del sol y la edad pero en rebeldía propuse contar los pétalos de la rosa en tono de conferencia o como informe de gobierno, diagnóstico médico, reportaje urbano, amenaza de secuestro, anuncio comercial o mentada de madre. A mi modo de yo ver el cielo se estaba nublando. La clave era el contexto novedoso, no la música del poema sino el desconcierto. Hice entonces el elogio del hombre medio para una poesía de todos; caí en cuenta de que la sensibilidad del hombre contemporáneo no pasa por la belleza, no busca el calcetín perdido en el cajón de la ropa interior, lo busca en la olla del caldo. Sabe que lo absurdo es lo más probable. El poeta está ahí para desenmascarar la paradoja del peatón no de los dioses —esos ya están resueltos mientras nosotros nos retorcemos sobre las llamas de nuestras dudas—. Fue buscándole la sorpresa al lugar común que pude salir de la caja negra. Con los ojos de la expresión popular pude ver que es en la incongruencia donde mejor nos común y camos. Por ello recomiendo temple anímico, el recurso del humor nos aislará a los locos excéntricos que metimos al horno a la vaca sagrada y pasamos por encima del *pequeño dios* en la prisa de llegar a los relojes checadores de la vida cotidiana, antes de que suene el silbato final que levante a los ángeles de su sueño largo. Subamos de nuevo a los árboles.

NOTA AL BORDE DEL CINISMO
En el propósito único de Parra*ndear* un poco
en medio de la acartonada pista de baile de salón
de la Real Academia Española,
las presentes sonrisas a fuerza de brackets
extienden la alegría por la obra y figura del maestro
de la metaironía en la poesía hispanoamericana. El único
no medible en unidades de Neruda: el que soltó la paloma
y se agarró del piojo; el que en cada verso, para despabilarla,
abofeteó a la poesía.

HANDBOOK FOR IMITATING PARRA'S VOICE

In front of the mirror of the Chilean Sea you should repeat: I found the Avant-garde too ordinary. Huidobro had finally landed, his parachute fell on top of us and: or it smothered us or we crawled out from under it. Moving down to lower levels, dragged about among the feet of the common man *e*co-mprehended the foolishness of those who seek to place themselves a shoulder above their neighbor when their poetry is on a par. In the demystification of the p(r)o(ph)etic I, I had to decompose the boring monotony in vogue among the mining syndicates and bourgeois salons. Enough of taking the passing sparrow so seriously— I thought—: we're going to die, the expression's been fixed. I replaced the pompousness in turn for the m[ag]ist[e]r[i]al tone. Borges and Octavio wanted to guide blindness through the labyrinths of the sun and the age but, rebellious, I decided to count rose petals in a lecturer's voice or as congressional briefing, a medical diagnosis, an urban newscast, a kidnapping threat, a commercial, or as a curse on someone's mother. According to my way of s(l)ee(t)ing the sky was overcast. The key was the novel context, not the music of the poem but the disconcert. I therefore praised the average guy for an everyman's verse; I re-alized that contemporary man's sensibility doesn't go in for beauty, doesn't look for the lost sock in the underwear drawer, it looks for it in the soup pot. It knows absurdity is what's most likely. The poet is there to unmask the paradox of the pedestrian rather than of the gods —those have already been solved while we writhe over the flames of our doubts—. He went searching for the common place which I was able to get out of the black box. With eyes made from popular sayings I was able to see that incongruence is where we best commune and skate. Therefore, I recommend an even temperament, the use of humor will separate out crazy eccentrics we've stuffed the sacred cow into the oven and overlooked the *small god* in our haste to punch clock of daily life, before the last whistle blows and wakes the angels from their long sleep. Let's climb the trees again.

FOOTNOTE ON THE EDGE OF CYNICISM
For the single purpose of Parra-*traipsing* a bit
across the dull pressboard of the dancefloor
in the ballroom of the Royal Spanish Academy,
the current smiles by virtue of brackets
spread the happiness of the work and figure of the mater
of metairony in Spanish American poetry. The only one
who cannot be measured in Nerurda units: who released the dove
and grabbed on to the louse; who in every poem, in order to rouse it,
slapped poetry around.

EMPARRADO

Oh, poesía, pan infraccionable y duro rompiendo las mejores muelas de mi generación. Por el exceso de amor a tus dones expongo mis entrañas de cara al cielo, abro las piernas de la Dulcinea que no probó Cervantes, aunque la encuentre amarga y la termine injuriando. Oh, qué de risas romperme el alma siguiendo tus juegos criminales. Observad lector, estas manos que sacan palomas blancas del culo de los oradores, estos escasos pelos en la masturbadora mano de la filología; este laberinto de arrugas que nos lleva de vuelta al embutido de violetas, ecuaciones y guitarras que se soñó fundiendo el nombre y desvenando el Chile. Aquí lo tenemos de vuelta, detrás de este mechón de cabeza de Gorgona embrutecido por el son-sorbete de las quinientas puñetas seminales.

PARRA-PLASTERED

Oh, poetry, hard, unbreakable bread that cracks the best molars of my generation. Due to an excess of love for your gift, I expose my bowels face-up to the sun, I open Dulcinea's legs, which Cervantes never tasted, even if I find her embittered and I end up slandering her. Oh, what a laugh to shatter my soul following your criminal games. Take note reader, these hands that pull white doves from the rumps of public speakers, these scant hairs on philology's self-pleasuring hand; this labyrinth of wrinkles that takes us back to the violet sausage, equations, and guitars that were dreamed up melting down the name and deveining Chile. Here we have it again, behind this lock of hair from the Gongora's head deadened by the r-at-tat-tap of the five hundred seminal jerk-offs.

INSTRUCCIONES PARA ARROJAR
DEL RIÑÓN LA PRIMERA PIEDRA

Paraje de piedra repetida
releer a Nicanor como haciendo un baile
a cuatro pies, como una larga Cueca.
Juntos ser el *pluralidúo*
y pagar sus bromas completas para comprar
mi alma: soltar el pajarito
que encerró la Violeta dentro de una guitarra.

Instructions for Throwing the First Stone from the Kidney

Region of repeated rocks
reread Nicanor as if dancing
a four step, like a long Cueca.
Together be the *pluraliduo*
and pay off his complete jokes to buy
my soul: release the tiny bird
that Violeta locked inside a guitar.

Advertencia al criticón

Bofetada en el hocico a quien reduzca mi poesía
a un surrealismo criollo. Yo sólo vine a demostrar
que hay un temporal dormido en toda taza de té.
Vine a marcar con una cruz la definición correcta
pero todas sin excepción eran una trampa o una
      buena broma.
Vine a perder la voz modelando máscaras, a
      concebir
el sueño contando ataúdes. Que quede claro:
a nosotros se nos rompió la lima puliendo el diamante.

WARNING TO THE NIT-PICKER

A slap on the snout of any who discounts my poetry
as creole surrealism. I have only come to show
that there is a storm sleeping in every teacup.
I came to mark with an x the right definition
but all of them without exception were tricks or
        good pranks.
I came to lose my voice modeling masks, to
        dream up
sleep counting coffins. Let's be clear:
we broke our file polishing the diamond.

META DEL ANTIFAN

No soltar la beca y los concursos
hasta que La Crítica señale
que soy "Las sesenta cuartillas
más sólidas de la joven literatura
hispanoamericana" o: "Por fin
de nuevo un escritor se compromete
con el jardín seco de la realidad
desde la rosa fresca de la ironía".
       Mientras no suceda
trabajar el punto en la *i* y el acento en la *o*,
salvación de nuestra cultura.

THE GOAL OF THE ANTIFAN

Not to release the award or the contests
until the Critics finger me
as "The sixty most solid
sheets of young Latin American
literature" or: "At last
again a writer commits himself
to the dried-out garden of reality
from the POV of the fresh rose of irony".
          Until that happens
work to dot the *i* and cross the *t*,
the salvation of our culture.

Mont blanc:
El elefante blanco

Un protestante se columpiaba
sobre su fe en unas patrañas.
Como veían que resistía
le diagnosticaron otro cáncer.
Un individuo se imaginaba
recibiendo en Suiza el premio Nobel.
Como veían que resistía
le dijeron *no* en tres ocasiones.

Mont Blanc:
The White Elephant

A protestant was swinging
over his faith in a tall tale.
On seeing how he resisted,
they diagnosed him with another cancer.
A person imagined themselves
in Switzerland accepting the Nobel Prize.
Since they saw how he resisted,
they told him *no* three different times.

Diario de antimuerte

Desgranar los algoritmos de la rosa
con la mano enguantada
de las ciencias no naturales o inexactas
desde la soberbia legítima de un rupturista,
del gran turista de la ruptura poética.
Ser directo y coloquial a la hora
de entrar a la ceremonia del féretro,
a la conferencia última;
a esa *Zona muda* que Enrique Lihn acicaló
de manteles y versos largos a la hora
del cangrejo.

Antideath Diary

Shuck the algorithms of the rose
with the gloved hand
of neither the natural nor the imprecise sciences
from the legitimate arrogance of a ground-breaker,
of the great tourist of poetic rupture.
To be direct and informal when it comes to
entering the ceremony of the coffin
the last lecture;
to that *Mute Zone* that Enrique Lihn dressed up
in altar cloths and long lines of verse in the hour
of the crab.

CORRIENTE LITERARIA

Los antipoemas son la respuesta de la literatura
a la bomba atómica
o a los calzones de universitaria
que no logró bajar la cursilería.
La prueba científica de que con pedantería y vulgaridad
se consiguen en los bailes las mejores novias.
La antipoesía es una palabra
que en medio de su presentación en sociedad
se bajó las trusas y orinó a los presentadores,
una corriente.

LITERARY MAINSTREAM

Antipoems are literature's answer
to the atomic bomb
or to those coed panties
that frippery couldn't coax off.
The scientific proof that pedantry and vulgarity
are able to land the best girlfriends at the dances.
Antipoetry is a word
that in the middle of its social debut
pulled down its knickers and peed on those present,
a mainstream.

Receta de tomate y Chile

Con ayuda de los bichos populares de la lengua
        probaré
que el pueblo cabe en un versito sabiéndolo
        incomodar.
Posmodernizaré la estética metiéndole un clavo a
        un tomate
como símbolo de que la frescura de un producto de la cultura
tiene fecha de caducidad y cualquier *ideota* con
        iniciativa
que sepa —como el chile— meterse a fondo
puede matar su naturaleza.

TOMATO AND CHILE RECIPE

With the help of the popular gnomes of the
        mother tongue I'll prove
that the people can fit into one tiny verse
        knowing how to vex it.
I will Postmodernize the aesthetics sticking a nail
        into a tomato
as a symbol that the freshness of cultural produce
has an expiration date and that any *ideot* with
        inciative
who knows —like chili— how to get in there
can kill its essence.

Parra entender a Nica

Desarreglo de todos los sin sentidos
no hay mejor antipoesía
que mordisquear
endecasí*labios* perfectos,
artefactear con humor práctico
lo inefable.

N ORder to Understand NICA

Mess of all the meaninglessnesses
there's no better antipoetry
than to nibble on
perfect hendecasyl*labia*,
to artfully fashion with practical humor
the inefable.

Adiós Nicanor

Por los escalones
Del Olimpo
Va cayendo la ca
NicaNicaNica
NicaNica
Nica
    Nor-
-mal sería escuchar en este punto los aplausos
       del lector.

GOODBYE NICANOR

Down the steps
Of Olympus
The ca goes tumbling
NicaNicaNica
NicaNica
Nica
    Nor-
-mally at this point you'd hear the clapping
       of the reader.

ME CAGO EN VOZ

Colguemos los calzones a secar
en la divina lira y démosle de patadas
en el hocico al buey gusto *cacanónico*.
Hay que ser agresivos con el mercado
y la publicidad si en verdad queremos
vender nuestras ultimas *Coca-colas*
en el de cierto de cierto os digo
de la literazurra.

I Shit on (Yo)use

Let's hang our skivvies out to dry
on the sacred lyre and let's kick
the snout of the ox sense *cacanonical*.
We've gotta be aggressive with the market
and publicity if we really want
to sell our last *Coca-colas*
in the verily verily I say to you
of the litter-your-shorts.

La fuente de Duchamp

Sobre el banquillo de los ahorcados
poner a bailar a los pesimistas con los sin consuelo,
ser la parodia del subversivo,
del casi verso vivo. Bajar a pedradas a Dios,
regresar a Las Cruces el Cristo de Elqui:
salvavidas de los que se ahogan en la bacinica
donde depositaron exageradas muestras
de humor negro.

DUCHAMP'S FOUNTAIN

On the bench of hanged men
make the pessimists dance with the disconsolate,
be the parody of the subversive,
of the almost living verse. Knock God down with stones,
return to the Crosses of the Christ of Elqui:
lifeguard of those who drown in the chamber pot
where they deposited exaggerated samples
of black humor.

OTRA VOZ EN EL DESIERTO DE ZURITA

Raúl: soy el antihéroe de la poesía hispanoamericana,
un verso contrahecho lleno de defectos e imperfecciones
pidiendo limosna, el par de monedas de oro necesarias
para cruzar al otro lado del Atacama, a la obra
        gruesa, al índice
de las antologías donde aparece Borges. Soy el
        falso p(r)o(f)eta
de los dichos populares. *No deseo otro prestigio que aquel que me da el* superArte.

AGAIN SOME VOICE IN ZURITA'S DESERT

Raúl: I am the antihero of Spanish American poetry,
a malformed verse full of defects and imperfections
begging for alms, the two gold coins needed
to cross to the other side of the Atacama, to the
      thick work, to the table
of contents of the anthologies where Borges turns up.
      I am the false p(r)o(ph)et
of popular sayings. *I want no other prestige than the one granted me by* Artpacing you.

Su real ismo

La antipoesía es literatura sin anestesia,
la crítica de la pasión pura, un montaje técnico
para hacer creer al moribundo de Enrique Lihn
en los poderes curativos de vomitar en voz alta
el *caldillo de congrio*. La antipoesía
es una lectura equivocada del surrealismo,
es el pastiche donde se surró el realismo.
Arte pop-ó.

SUR REAL ISM

Antipoetry is literature without anesthesia,
the critique of pure passion, a technical montage
to make the dying Enrique Lihn believe
in the curative powers of vomiting out loud
the *conger eel stew*. Antipoetry
is a misreading of surrealism,
the pastiche where realism soiled itself.
Po[o]p Art.

TANTEOS

En materia de visión
la antipoesía es una ciega
que x andar tentando
lo que no conoce
tira hasta las urnas funerarias
de sus padres. Edifica su casa
en la piedra de sal extraída
del riñón de un ángel.

GUESSWORK

Regarding questions of sight
antipoetry is a blind woman
who b/c she goes about feeling
what she does not know
she knocks even her parents' funeral urns
off the walls. She builds her house
on the salt rock extracted
from an angel's kidney.

Arte antipoética

Sentirme abofeteado cuando mi lector
pasa la página, derribar pagodas
con un pestañeo.
Acomodada en los huecos de la vida
la poesía llena, por un instante,
el mundo a plenitud.

ANTIPOETIC ART

To feel the slap on my face when my reader
skips the page, to tear down pagodas
with a blink.
Nestled in the empty spaces of life
poetry fills, for a moment,
the world up to the brim.

Son netos

Seguir con oídos y cuenta de dedos
la musiquilla de mis pobres poemas.
Orbitar en la periferia del ego
hasta que un jurado los mida en voz alta
y un antipremio me diga la neta.

SON NETS

To follow the jingle of my weak poems
with your ears and your tapping fingers.
To circle the outskirts of the ego
until a jury weigh them outloud
and an antiprize tells me their worth.

PostParra

La pobresía morirá si no se le defiende.
Hay que pos-leerla y antiredactarla impúdico.
Después veremos qué hacer con el paisaje.
Mientras tanto esperar el escupitajo
que la generación anterior lanzó hacia arriba.

PostParra

The impoverished will die if not protected.
We must shamelessly post-read and antiwrite them.
Then we will see what to make of the landscape.
In the meantime, we should wait for the sputum
that the previous generation spat into the air.

NOTA RECORDATORIA PARA UN POEMA PENDIENTE TEMÁTICAMENTE OBLIGADO

Escribir un poema a propósito de los 103 años de
    Parradas
relacionando episodios significativos de igual edad
    o datos útiles
para graduarse de la secundaria como que *el
    Lawrencio es
el elemento químico de número atómico 103 representado
    por el símbolo Lr*
o elefantes o dálmatas que se columpiaban sobre
    la tela de la palabra
desde el lenguaje del publicista o del que va
    pasando. Escribirle un prólogo
a la edición solemne de sus *Bromas completas*.

**REMINDER NOTE FOR A PENDING POEM
ON A SET THEME**

To write a poem on the occasion of the 103rd
    yearly Parrade
that connecta significant events of the same time
    period or useful information
in order to graduate from high school, like
    Lawrencium is
the chemical element with an atomic number of 103
    represented by the symbol Lr
or elephants or dalmatians that swung over the
    curtain of the word
from the language of the publicist or the
    passer-by. Write a prologue
to the solemn edition of his *Complete Jokes*.

ELOGIO DE LA OREJA

Soy la otra manera. Entre ser *nerd* y la duda un
    antiNer(d)uda,
el desenfadador de la homilía, el autor del primer
    meme;
el que abrió camino al *twitter*. Un planeta
    desenchufado de su propia órbita,
el que abrió la ventana de la postliteratura y lo
    comprendió todo:
soy a-penas paisa(jeje) o, como diría Dédalo en
    su laberíntico poema,
la poesía debe ser con Creta. Las palabras se
    vergaron de mí.
Me re*tacto* de todo lo dicho-so. Mi única virtud
    fue reemplazar
la lengua por la oreja. Soy un músico, profeta y
    loco que
se metió 40 pastillas de vitamina C diariamente
    para llegar al Nobel
a pleno invierno Bolañero del 2666. Me levanté
    con el sol,
me acosté con él. En medio de grandes voces
    enchiladas es-cu-ché.

IN PRAISE OF THE EAR

I am the other way. Between being a *nerd* and
    doubting an antiNer(d)uda,
the pacifier of the homily, the author of the first
    meme;
the one who cleared a path for *twitter*. A planet
    unplugged from its own orbit,
the one who opened the window of postliterature
    and understood everything:
I am barely a fellow scenar(y-hee) or, like Dedalus
    said in his labyrinthine poem,
poetry should be con Crete. Words
    cock-whipped me.
I re*t(r)act* all that's been (fortune)-told. My only
    virtue was to replace
the tongue with the ear. I'm a musician, a prophet
    and a madman who
daily stuffed in 40 vitamin C pills to get to the
    Nobel
in a mid-2666-Bolañesque-winter. I rose with
    the sun,
I went to bed with him. In the midst of loud irri
    tated shouting I list-en(e)d.

YO SOY EL INDIVIDIDO

Bajé la cremallera al poeta solemne del ceño
    fruncido,
liberé al perico de los palotes, le abrí el apretado
    círculo
de Bellas Artes al Chile(-no) más grande. Yo,
    como el pueblo,
soy la que se atraganta de largas y duras mentiras.
    Yo soy
la nueva *poería*, un átomo que se resiste a su
    se(r)para(ac)ción.

I AM THE UNDIVIDEDUAL

I undid the zipper of the solemn poet with the
 furrowed brow,
I freed the joe blow, opened up the tight
 circle
of the Fine Arts for the biggest Chile(-no). I,
 like the people,
am the one who chokes on long, hard lies.
 I am
the new versening, an atom that resists its own
 (se)l(p)f-tow(ar)d-(a)c(tion).

PARRASADAS

Mi anti(p)rosa se comprometió
con la realidad desde la ironía.
No dio puntada con hilo en la Nobel-a
pero la subieron a la silla del corcel
de Don Quijote. La receta es muy simple:
se trata de elogios fuera de horario;
del cubo de hielo flotando en el ombligo
de una desnudista.

Parrasadas

My anti(p)rose committed itself
to reality from the POV of irony.
It threaded no witticism in the Nobel-la
but they lifted her up onto the saddle
of Don Quixote's steed. The recipe is real simple:
it's about praises off the clock;
about the ice cube floating in the bellybutton
of a woman nudist.

ESCUELA PÚBICA

Dejar atrás a la poesía
de diccionario. Sacarle a orear
sus zapatitos a la calle.
Seguir las enseñanzas
del maestro Coti Di Ano.

PUBIC SCHOOL

Leave behind the poetry
defined by dictionaries. Take your shoes out
on the street to catch their breath.
Follow the teachings
of the master Quo Tidi An(us).

ACTA DE RENAZI MIENTO

Yo, boxeador vencido por mi suegra,
hoja blanca con calvicie,
santo y ángel de la guarda de escritores
que se forman en horario de oficina
ocaminarapretaditodelqueestápororinarse.
Yo, en cada palabra recomienzo el siglo.
De lo contrario callar, servir Parranada.
Cerremos los ojos para buscar con la oreja
el nombre aquél que se nos negó.

CERTIFICATE OF ReNazi Li(senc)e

I, boxer defeated by my mother-in-law,
blank sheet with baldness,
saint and guardian angel of writers
educated during office hours
ohpeepeedancefastwalk.
I, in each world begin the century again
On the other hand silence, is for all 4 (nica)nothing.
Let's close our eyes to look with our ears
for that name that was denied us.

Paz ciencia

Hay que darle de comer a la poesía.
No hay que dejar de escribir
aunque se escriba como pelando infinitas papas.
Que si llega la inspiración nos encuentre
con la mano a tono, ágil; experta
en falsas alarmas. En el amor como en la poesía
no existe olmo que no de peras.

Paz (S)cience

You've got to feed poetry.
You can't leave off writing
even if you write like you're peeling an infinity of potatoes.
So that if inspiration manages to find us
our hand will be in shape, nimble; an expert
in false alarms. In love as in poetry
there's not an elm tree that doesn't bear pears.

Virtudes del mundo moderno

Tratemos de ser Ulises comiendo el yo,
enchufando a lo corriente la clavija Parreana.
Extraigamos del antipoema el cinismo
        maquillador,
cada cual de acuerdo a sus preocupaciones doctorales.
¡Aferrémonos a esta piltrafa en las horas muertas
de la oficina! Palpitantes y vagamundos
escupamos a los diccionarios que nos entorpecen;
la muerte está cantada.

VIRTUES OF THE MODERN WORLD

Let's try to be Ulysses eating the ego,
sticking the Parraean plug into current.
Let's extract from the antipoem the
      make-up-artist's cynicism,
each one according to their doctoral concerns.
Let's bind ourselves to these scraps in the downtime
of office hours! Throbbing and idle,
let's spit on the dictionaries that slow us down;
death is a foregone conclusion.

DESAFÍOS DEL ANTIPOETA

Y estos son los desafíos del antipoeta:
a que nadie se atreve a tomarse una foto
echado en brazos del mendigo de la esquina.
A que ningún nominado al Nobel se atreve
a encabezar el anticanon de la literatura.
¡Poesía chueca – poesía chueca!
A que nadie es capaz
de torcer la vida en un verso derechito.
A ver a ver a que nadie se atreve a escu(l)pir
la venidera era. A que nadie se antiríe como yo
cuando los jurados suizos[1]* lo ningunean.

---

*Suecos no para ningunearlos. No ser su eco.

CHALLENGES OF THE ANTIPOET

And these are the challenges brought by the antipoet:
I bet nobody dares take a photo
lying in the arms of the street beggar.
I bet no Nobel nominee dares
head up literature's anticanon.
¡Dodgy poetry – dodgy poetry!
I bet nobody is able
to twist life into a straight poem.
Let's see, let's see I bet nobody dares cut (the cheese)
of coming age. I bet nobody antilaughs like I will
when the Swiss**[2] jury pooh pooh's it.

**Swedish to not discount them. To not be their Sweet Dish.

CARTAS A UNA MUY CONOCIDA

Cuando cansen los labios y yo sólo sea
un hombre que medio la a(r)mó,
un ser que se detuvo un instante frente al aplauso,
un pobre hombre cansado de redactarse jardines,
¿dónde estarás tú? ¡Dónde estarás,
oh jija de mis sesos!

LETTERS TO A WOMAN VERY WELL-KNOWN

When lips tire and I am just
a man who only half fussed (over you),
a being who briefly paused before the applause,
a miserable man tried of writing up new gardens,
where will you be? Where will you be,
oh minced meat of my brains!

Hugh Hefner lee a Nicanor Parra

Considerad, muchachas,
estos ojos azules y esta cara
de escroto colgante.
Soy cogesor en un liceo oscuro,
he perdido la erección haciendo frases.
(Después de todo o nada eyaculo
hasta cuarenta horas semanales).
¿Y todo para qué?
Para ganar un sexo oral interminable.
Sexo duro como la cara del burgués
y con olor y con sabor a cena en yate.
¡Para qué hemos cogido como hombres
si nos dan una muerte de mayates!
Por el exceso de tabaco, a veces
veo formas extrañas en el aire,
oigo cagar en bocas,
risas, penetraciones criminales.
Observad mi hondo ano
y estas nalguitas blancas de cadáver,
estos escasos mecos que me quedan.
¡Estas negras arrugas en el clasper!
Sin embargo yo fui tal como ustedes,
joven, lleno de vellos ideales.
Soñé explotando al pobre
y mamando las ubres del diamante.

Hugh Hefner Reads Nicanor Parra

Consider, girlies,
these blue eyes and this face
of dangling scrotum.
I'm a profecker in a dark high school,
I've lost my hard-on composing sayings.
(All told, or not, I cum
up to forty hours a week).
And all for what?
To earn an everlasting oral sex.
Hard sex like the face of the bourgeoisie
and the smell and tase of dinner on a yacht.
Why have we fucked around like men
if they offer a faggot's death!
An excess of tabaco, sometimes
causes me to see strange shapes in the air,
I hear shits taken in mouths,
laughter, criminal penetrations.
Behold my deep anus
and these little white corpse-like buttocks,
the few vulgarities I have left.
These black wrinkles on my clasper!
But I used to be just like you,
young, full of idealistic fuzz.
I dreamed of exploiting the poor
and suckling on the diamond's udders.

Aquí me tienen hoy,
detrás de esta mansión inconfortable,
embrutecido por el sonsonete
de las quinientas horas seminales.

Here they've got me today,
behind this uncomfortable mansion,
stupefied by the tapping
of the five hundred seminal hours.

CUIDADITO

No morí a los 103 años.
Morí en el momento preciso
en que mi acto de ruptura
se hizo asimilable y se empezó a imitar.
Ahora se puso de moda ser mi fotocopia,
ganar un premio a mis costillas
sin sonarse la nariz hasta soltar los sesos.
Cuidadito con hacerse el interesante.
Si se cuelgan o estrangulan
no usen mi corbata. O se es o c es.

CAREFUL

I didn't die at 103 years old.
I died at the exact moment
when my gesture of defiance
was made digestible and began to be copied.
The vogue now is to be my photocopy,
to win prizes by leeching off me
without blowing the nose until brains come out.
Careful with trying to play hard to get.
If you hang or strangle yourselves
don't use my tie. You are or u r.

Epílogo

El lector tendrá que darse siempre x tomado
      del pelo.
A mi modo de hablar, el cielo está nublándome
      los labios.
"¡Las risas de este libro me ca(n)zan!", bostezarán
mis letra-actores. "Sus (lág)rimas, ¡artes faciales!".
"En vez de suspirar, en estas páginas se pedorrea".
"El autor se da a entender a bromas".
Conforme: os invito a desplumar las aves más altas
mientras arrojo a los molinos de(l) Cervantes mis calzones.

Epilogue

The will have to understand themselves as always
        being pulled by the leg.
In my manner of speech, the sky is clouding up
        my lips
"The jokes in this book run me down!" my read-actors
will yawn. "Your poe-tears art arti-facial!"
"Rather than sighs, these pages are full of farts."
"The author is just full of innuendos and jokes."
Therefore: I invite you to pluck the noblest birds
while I toss my undershorts into Cervantes' mills.

ART**E**INFARTOS

HE**ART**ATTACKS

Palabras de abogado en mi defensa y representación: Favor de tomarlas al pie de la treta cual si fueran mías

Dejé tenso el Chile. Mi caja de postales se la fueron pasando de izquierda a derecha como a la papa caliente. En realidad sólo fueron mi respuesta a los ataques que hicieron a mi corazón por el delito cultural de haber tomado el té con la señora de Nixon. De haber adivinado la reacción termonuclear le hubiese tomado no sólo los tés sino las teclas —fui etiquetado de tonto útil a diestra y siniestra, de agotador de pa'ciencias—. Lo cierto es que, al igual que Einstein, mi único pecado fue sacar la lengua al relativizarlo todo a la hora de dar Sermón. Fui el paso eléctrico hacia los nuevos poetas.

Lawyer's Words in my Defense and on my Behalf: Please Take Them Literusely as If They This Were Longer

I left Chile stressed. My box of postcards were passed around from left to right like a hot potato. In truth they were only my answer to the attacks aimed at my heart for committing the cultural crime of having taken tea with Nixon's wife. Had I foreseen the thermonuclear reaction I wouldn't've only taken the tea but also keys—I was branded a useful fool on the right and the left, a tester of pa'science—. What's true is that, just like Einstein, my only sin was to stick out my tongue to relativize everything when it was time to Sermonize. I was the electric slide toward the new poets.

INSTRUCCIONES PARRA EL POEMA PRÁCTICO

Decantar. *Des*cantar.
Convertir 20 bellos poemas
en un hipo desesperado.
Par(r)ar el corazón de los veedores
y echar a andar el hígado
que limpia de basura innecesaria
el organismo intele(a)ctual.
Expresar, por ejemplo, la cita del ángel cacaído
en un huevo estrella  (do).

¿INSTRUCTIONS FOR
THE PRACTICAL PARRA-POEM

Decant. *Des*cant.
Turn 20 beautiful poems
into a desperate hiccup.
Stoppard the heart of the seers
and get the liver working
to clean the unnecessary waste
of the intelle(a)ctual organism.
Render, for example, the event of the fecafallen angel
in a starry egg  (do).

Par®ar el tiempo

Parra plantada la vida en el texto.
En él, texto.

TO STOPPA®D TIME

Vines planted life in the text.
In him, text.

Y CUANDO EL FOCO SE ROMPIÓ,
el poema estaba *allí*.
Irrefutable prueba
del accidente poético.

AND WHEN THE SPOTLIGHT BROKE,
the poem was *there*.
Irrefutable proof
of a poetic accident.

CORRECCIÓN DE ESTILO

Narcisa cara redondeando pómulos
para embonar perfecta
en el rigor del vaso de José Gorostiza.

STYLE CORRECTION

Narcissus face, rounding cheeks
to fit perfectly
into the strictures of José Gorostiza's glass.

EL SILENCIO ES UNA GALLINA
que esconde sus huevos
o los estrella a la Rulfo
en el Comal(a) ardiente.

SILENCE IS A HEN
who hides her eggs
or breaks them à la Rulfo
on the searing Comal(a).

Es[perar]P[arra]JO[derte]

Atrévete a (no) ver la verdad
del paisaje.
Atrévete a ver la verdad
del país-aje(no).

Marking tIme to buggeRR yOu Real good

Dare yourself (not) to see the truth
of the landscape.
Dare yourself to see the truth
of the land(e)scape.

ANTI PABLEMAS

La mendicidad estética de los versos es
        directamente proporcional
a la electricidad estática del cabello. Yo prefiero
        erizar que rezar,
frotar palabras hasta el incendio; escribir una
        p-rosa impeinable y rebelde.
Buscar los desequilibrios de la materia en las
        partículas Oda mental es.

ANTI PABLAXIOMS

The aesthetic mendacity of poetry is directly
    proportional
to the static electricity of hair. I'd rather hairs
    stand end than knees bend in prayer,
rub words until they catch fire; write rebellious
    and unbrushable p-rose.
Search for the material instability of the Ode
    mental particulates.

¡VIVA VIOLETA!

(H)ay Violeta Pa` rrato.

¡Long Live Violeta!

(T)here's Violeta 4` days.

Matamoscas tampoco

Basta y sobra con un dictamen editorial
que nos regrese a tierra en un abrir y cerrar
de sobre.

Neither a Flyswatter

An editorial decision is more than enough
to send us back to earth in the opening and closing
of an envelope.

El premio no ver

Esto(y hasta el)colmo de esperar té.
Voy & verbo.

THE NO BEL(VEDERE) PRIZE

I'm Stuckholmed waiting for t(h)ee.
I go & verb.

CAUSA DE MUERTE

Infección en las vías urinarias no:
afición por poesías ordinarias.
Llené la copa de mi árbol
con d+iados cantos *inpajaritables*.
In(de actualidad y moda)parrables.

CAUSE OF DEATH

Urinary tract infection, not:
a love of ordinary poetry.
I filled the crown of my tree
with 2 many songs *unbirdable*.
Un(current and trendy)sto(ppard)able.

El hombre paisa G

Para los marineros y los poetas románticos
el sol sólo es referencia al amanecer y al atardecer.
Cuando está arriba deja de serlo. Deja de ser *yo*.
¡Arriba la Parresía!

THE FELLOW COUNTRY(SIDE)

For sailors and romantic poets
the sun is only a reference at dawn and dusk.
When it's up, it stops being one. It stops being *me*.
Up with Parrhesia!

NANOSERMONES DEL ENERGÚMENO. I

Hagas lo que Parras te artepentirás.

**NANOSERMONS
OF THE RAVING LUNATIC. I**

Stoppard what you will, you'll regretart.

NANOSERMONES DEL ENERGÚMENO. II

Chao. Estoy cansado de bailar
al ritmo que me toquen.
A estas alturas del partido
no soporto la música sexenal.

NANOSERMONS
OF THE RAVING LUNATIC. II

Chao. I am tired of dancing
to the beat they play for me.
At this stage in the game
I can't stand sexennial music.

POSTCOITAL

Si ya no hay verso, beso ni sexo:
basta con verse. Converse.

POSTCOITAL

If there's no more verse, kissing or sex:
it's enough to see each other. Converse.

DANDO Y DANDO ALMAS SUDANDO

Una sobre otra, patas parriba, sillas haciendo
    un 69.
Si lla entendiste Parra qué preguntas.

GIVING AND TAKING SOULS WORKING UP A SWEAT

One on top of the other, feet in the air, chairs
 69ing.
If ya've already got it, Stoppard with the questions.

La Nicanorfosis

Escarbé el habla de la calle,
agarré a la musa a sopapos.
Fui en la olla de arroces iguales
el diente de ajo.
Soñándome el nuevo Samsa
hundí en las almohadas del siglo
mi cara triste de loco sabio.
Manejando un Volkswagen nazi
bajé y subí por las venas
del Chile hasta desv(i)elarlo.

NICANORPHOSIS

I riffled through the street slang,
I grabbed hold of the muse with a smack.
I was equal in the rice pot
the garlic clove.
Dreaming I was the new Samsa
I sank my sad face of a wise fool
into the century's pillows.
Driving a Nazi Volkswagen
I drove up and down Chile's
Veins until I derailed it.

En los primeros versos
mi corazón era un kiosko
de humilde plaza. A penas gané el Premio Rulfo
la extensión de mi ego era a lo bajito unas
····cuatro veces
el Central Park. Perdone el lector
tal silogismo per-verso.

IN THE FIRST POEMS
MY HEART WAS A KIOSK
from a poor plaza. I barely won the Rulfo Prize
the size of my ego was on the short side about
        four times
that of Central Park. Do forgive, dear reader,
such a per-verse syllogism.

HERENCIA

A anticorrer me dediqué esta tarde
las solitarias calles de mis obras completas.
Ningún peatón me regresó el saludo,
en el año actual nadie baila Cuecas.
No sé qué mundo dejé al Tololo,
entré a la tumba y al día siguiente
cualquier greñudo es antipoeta.

INHERITANCE

I proposed this afternoon to antirun
the solitary streets of my complete works.
No pedestrian returned my greeting,
in this current year nobody dances Cuecas.
I don't know what world I left to Tololo,
I entered the grave and on the following day
any old scruff is an antipoet.

IRREVERENTE

No hay paso más difícil
que pasar un poema publicado en periódico
a formato final de libro. El primero lo veo,
el segundo lo *irrevereo*.

IRREVERENT

There is no harder step
than to move a journal published poem
into its final book format. The first one I see,
the second, I irreverensee.

La negra Ester

Lamento Roberto hermano
no sienta por ti lo mismo
la puta del puerto aquél.
Ve a la guitarra y busca sus formas
en la madera que se te entrega
como jamás la negrita Ester.

BLACK ESTHER

I am sorry Robert brother
that the whore from that port
doesn't feel the same way toward you.
Go to the guitar and seek out its ways
in the wood that gives itself over to you
like black Esther never did.

El (d)arte es la memoria del espíritu

El re(s)to es silencio.

EL (D)ARTE IS THE SPIRIT'S MEMORY

The re(s)t is silence.

EL REPARRADOR DE VERSOS

Fui un golpe de estado a Neruda.
Le tomé la palabra a Huidobro y a la poesía el pelo.
Mis artefactos me convirtieron en el indiscutible
padre de la poesía chochera. Soy un grabado sobre la roca
del solo y loco del individuo, un buscador de fórmulas
para rePar(r)ar, desde la poesía, este mundo roto.

THE RePa(i)RRER OF POEMS

I was Neruda's coup d'etat.
I took the word from Huidobro and took poetry's scalp.
My artefacts turned me into the unquestionable
father of senile poetry. I am a rock engraving
on the solo loco we of the individual, a seeker of formulas
to rePa(i)rr, through poetry, this broken world.

Antiepitafio

Juro que no merezco ni su nombre
mas moriré llam(e)ando a la po(br)eCIA.
A la hora de medirme de la (p)rosa fui la presa.
¡Un embutido de Einstein y Violeta!

ANTIEPITAPH

I swear I'm not worthy of your name
instead I'll die flaming the Agency of po(or)etry.
When the time came to size myself up according
to the (p)rose I was the prey.
An Einstein and Violeta sausage!

Versos de aparrador

Cupboard Poems

Parraterminar con el mamonismo
cultivé un 3.1416ojo en el psicoanálisis del iocus.
Puse a caminar a la poesía
en unos llamativos calcetines impares,
a hablar mar de lo mismo;
a repetirse, pero con la gracia
del oleaje. La poesía se contradijo
al dedicar libros y odas al silencio
—amicus Gonzalo Rojas, sed magis
amica veritas—. Yo sólo vine
a rascar la oreja del minotauro,
a entre-tenerlo en lo que el idioma sale
del laberinto.

TO STOPPARD MOOCHERISM

I cultivated a 3.1416th in the psychoanalysis of jokes.
I made poetry take a walk
in some gaudy unmatched socks,
made her talk abyssal about the same thing;
to repeat herself, but with the grace
of a storm surge. Poetry contradicted herself
when dedicating books and odes to silence
—amicus Gonzalo Rojas, sed magis
amica veritas—. I only came
to scratch the minotaur's ear,
to entertain it while language exits
the labyrinth.

NICA SO TI N D CIR QUE
me estoy mu-riendo d la prisa.
Nica vando mi propia tumba
dejé ver S.O.S.pechosos
mensajes en la ¡vote ya!
Nica gándola en la K-sa blan-k
parraré mi k-rrera
al No___(campana en *inglés*).

NOR DID I HAV 2 STOPPARD 2 SAY IT

I'm la(u)~~ngui~~shing from hasterics.
Nor while digging my own grave
did I Stoppard seeing S.O.S.picious
messages in the Vote Now!
Nor even shitting in the Wyte House
will I Stoppard my race
to No___(bell in *English*).

A DÓNDE VAMOS A PARRAR.
En qué aparador guardará
su vajilla de vidrio el lenguaje
hoy que Parra abrió las puertas del poema
a los espíritus hambrientos que se empujan
con palabras que le calzan una joven piel distinta
a los sentidos y al paisaje.

WHERE WILL THIS STOPPARD.
In what cupboard will language
store its glass dinnerware
today since Parra opened the doors of the poem
to the hungry spirits that push themselves
with words that fit a young woman's skin differently
than their meanings, differently than the landscape.

NI BROMA DE MAL GUSTO
ni lenguaje despeinado. Los antipoemas
fueron hojas de parra que retiré de los genitales
de un nuevo AD[á]N humillado por mí
mientras me orinaba de la risa.

NEITHER TASTELESS JOKES
nor uncouth language. Antipoems
were grape leaves that I removed from the genitals
of a new [A]D[am]NA[h] humiliated by me
while I peed from laughter.

DE LA MANO DE SIR NEWTON
regresé al jardín de origen.
Hablando de peras conocí el sabor
de la antimanzana. Caminé el desierto
y quemé zarza hasta que aparració Dios.
Fui una risotada de Aristófanes
a Kafka.

HOLDING SIR NEWTON'S HAND
I returned to the first garden.
Speaking of pears, I got know the taste
of the antiapple. I wandered the desert
and burned bushes until God ap(pe)arred.
I was what Aristophanes guffawed
to Kafka.

NICA SO TIENE
usurpar a Caronte
metiendo remos al ataúd.
Parra qué sumarle
unos chistes flacos
a la Comedia: "hay que ser bien caído
del catre." A estas alturas
escribir poesía es meterle mano
a una muchacha muerta.

IT MAKES NO SENSE
to accroach on Charon
by slipping oars into coffins.
Why add
a few emaciated jokes
to the Comedy: "you have to have been
dropped on your head." At this stage in the game
to write poetry is to feel up
a dead girl.

MIRando el cielo olvidé mis _j_s.
ADvierto mi piel al mirar un pájaro.
CÓmo no contar estrellas con tus dedos, medir la noche.
MOrirse en la hoja que suelta el desdén de la tarde.
SEntir es mar todo teclado, nadar la nada.
VIEnes y abres mis ventanas al decirme.
NENúfares revientan, inicia el tiempo.
ABorrezco volver los ojos y estar entonces en no los tuyos.
AJOnjolí de todos los soles.
LOS que buscan su piel en dolores ajenos.
JARrones delinean la sed de mis labios.
DIces lo que estás no viendo.
NEStor mató su sangre como el pájaro enjaula su propio pío.
FLOtar, vivir ocaso.
TAN-tan. Era la mu(j)erte.
TEStamento del instante el palpitar de un pajarito.
DEcir tu nombre es agarrarte de los huevos.
BAbel está en el polvo que pisamos.
BILletes en la tanga reloj no para.
O vives o te viven.
NIA cantaros quita mi sed estas ganas de beberme el cielo.

LO*oking at the sky I forgot my _y_s.*
OK, *I see skin when I look at a bird.*
HOW *can I not count the stars with your fingers, measure the night.*
THE *death of a leaf loosened by the evening's scorn.*
FL*eeting ocean is all felt keyboard, to swim the void.*
O *you come and open my windows by telling me.*
wATe*r lilies explode, time begins.*
I *detest turning my eyes and then* not *finding myself in yours.*
[~~openi~~NG] *the sesame of all the suns.*
[~~en~~ GARDE] *those who seek out their skin in the pain of others.*
[~~Now the tran~~S] *jugs delineate the thirst of my lips.*
[~~traitor~~ OF] *you say what you're not seeing.*
[~~this~~ BA..~~this mess~~] *Nestor killed off his blood like the bird who cages its own chirp.*
[~~look,~~ BAB~~s, don't mess~~] *To float, to live twilight.*
[~~with the translator of this~~ BABEL] *Bum-bum. It was Old Lady (Death).*
[~~i was saying this~~ BABYLON] *Testament of the moment the beating of a little bird.*
[IS FALLING ~~all over himself~~] *To speak your name is to grab you by the egg sack.*
[~~has broken~~ DOWN] *Bable lies in the dust we walk on.*
[~~i mean~~ ARE] *Bills in the bikini the clock stops for no one.*
[ARE FALLING] *Or you live or they live off you.*
[DOWN] *Not even a flood could quench this thirst to gulp down the sky.*
[~~closing…no, i can't close yet babs. i'm bummed by my failure. i flew too close and tried to touch your bum, like every Tom, Dick, and Harry, and i got Stoppard.~~]

POR BUSCAR EL ZAPATO IZQUIERDO
extravié el derecho. Mejor será volver a la cueva
o subir al árbol. Ojo con el evangelio de la flor
imaginaria: los poetas nos sujetamos
de un pétalo de rosa, levantamos la casa
sobre una burbuja. Yo no pude un verbo propio.
El *apoema* ya estaba a ojos del mundo, lo que hice
fue mirarme en él. Pese a mis esfuerzos
el árbol creció torcido.

B/C I WAS LOOKING FOR THE LEFT SHOE

I lost the right one. It'd be better to return to cave
or climb the tree. Careful with the gospel of the imaginary
flower: we poets tie ourselves
to the petal of a rose, raise our house
on a bubble. I couldn´t a verb of my own.
The *apoem* was already in the world´s eye, what I did
was see my reflection in it. Despite my best efforts
the tree grew crooked.

Manifiesto.
De "pequeño dios"
a ventrilopoeta*

Minuto 7:36,
Nicanor Parra: *conformarnos con hacer
una poesía de ventrílocuo.*

El lector es el gran ventrílocuo. Sin usar consonantes labiales nos tiene en su boca como el poeta usa a otros poetas cual marionetas que manipula. Lo que antes salía del corazón es empujado por el vientre y el lector es bacinica. Seguimos siendo los hombres huecos de T. S. Eliot, los hombres rellenos del polvo que se desprende de la madera al serrarla —"aquél tiene madera mucha de escritor, éste muy poca"—. La poesía hoy es el juguete pero no la diversión, la risa ya no es lo mismo tras Nicanor Parra. *Ventrilopoemas, ventrilopoesía*... ¿Quién después de Nica bebe y habla sin ahogarse? Acaso sea hora de volver a casa, de-cantar para recordar y no cantar para ordenar el caos. Hemos prestado la voz a un espantapájaros. Poetas: el único método para la verdad es la interpretación de nuestro cinismo. El poema es un cielo sin orillas, agua que no sacia o calma la sed de los que la contemplan. La literatura congela nuestras manos para no pasar tan rápido las páginas del día, nos deja en la cara esa mirada postcoital adolescente en el azoro de estar vivos. Hay que aceptarlo, no estamos listos para, como el marinero fenicio que advierte Borges, devolver el remo —somos una eterna intertextualidad, continuar al otro, pasar la estafeta, hacer a muchas manos un estilo propio—. Mientras braceamos se construye la canoa; nuestro vivir es un buscar peces más gordos donde nadie está remando. Pisar de grillos en la noche la poesía es un laberinto de espejos encontrados donde las enunciaciones de la técnica se ven rebasadas a la hora de medir el mundo en las regiones de la mente desde la frágil materia del verbo. Cada verso en un poema es una punta de una misma figura geométrica donde la fábula y la metáfora de lo eterno se contiene, se multiplica. Estamos mil veces solos a la *n* potencia, cada punto y seguido nos abre una puerta a lo desconocido. No podemos parar, nos persigue un lobo, nuestro aliento es su aullido. Poesía es la relectura del presente, el *nosotros* como novedad ante la lectura; la escritura es una forma de leer, es la relectura de nuestros antepasados —escribir es releer clásicos—. Como en los sueños, *inventamos* el poema que leemos. Sin embargo, yo no escribo para gustar, escribo para defenderme de la realidad. Escribir es defender un tiempo personal. Que la ciencia política se siga ocupando de los límites de la opinión, nosotros de no tropezar o pisar al vecino en la danza de la post-belleza y la *posverdad*. Lectoras, lectores: unos hablan con los pájaros, otros como ellos o a pesar de ellos —hay quienes incluso intentan, con sus palabras, volar más alto—. Yo cuando escribo los apedreo, aliento la prisa de sus colores falsos. Hoy más que nunca es de valientes navegar con remo tan pobre como una guitarra o un adjetivo. Los gallos *no* deciden si amanece. Que quede claro: el poema es una muchacha que se mira en el espejo mientras cuenta l e n t a m e n t e cada pétalo de su propia rosa. El poema de nuestro tiempo es la bitácora de un burócrata o de un becado que no permite lugar para el cuerpo tendido en pleno de la urgente Musa, un rascar de huevos que no puede ni llegar a ser puñeta. El bosque empieza en el primer arbusto que uno incendia. La poesía es el hilo de Ariadna que vibra y corre de *la música de las esferas* a *la teoría de las súper cuerdas*. De ese hilo pendemos todos los que la buscamos, los que intentamos oírla como dos niños que, con un hilo tenso y vasos de corcho, hacen un teléfono. Que alguien nos diga *dónde el poema* cuando la cultura de la terminología y el avance de los modelos para explicarnos la realidad es la nueva metafísica del logos. Dios no ha muerto, está soñando(nos).

/^: /^: /^: /^: /^: /^: /^:

dejé mi rostro atrás). (Contando nubes

La poesía nos dejó hablando solos.

Manifesto.
From "Little God"
to Ventrilopoet*

Minute 7:36,
Nicanor Parra: *we must settle for composing a poetry of ventriloquism.*

THE READER IS THE GREAT VENTRILOQUIST. Without using labial consonants he's got us in his mouths like the poet who uses other poets like puppets whose strings he pulls. What before came from the heart is pushed out by the belly and the reader is a small chamber pot. We are still T. S. Eliot's hollow men, men filled with the dust cast off by sawed lumber—"that one's got a lot of a poet's timber in him, this one, not so much"—. Nowadays poetry is the toy but not the game, laughter isn't the same after Nicanor Parra. *Ventrilopoems, ventrilopoetry...* Who after Nica drinks and talks and doesn't choke? Might it be time to go back home, to de(s)cant so as to remember and not to sing so as to place order to the chaos. We've lent our voice to a scarecrow. Poets: the only way to the truth is to interpret our cynicism. Poetry is a endless sky, water that doesn't quench or calm the thirst of those who ponder it. Literature freezes our hands so we don't move through the pages of our days so quickly, it leaves on our face that postcoital look of a teenager flustered by life. We must accept it, we aren't ready to, like the Phoenician sailor Borges wrote about, to give back the oar—we are an eternal intertextuality, continuing on to the next one, handing off the baton, using many hands to assemble a personal style—. While we wave our hands about the canoe is being built; our life is a search for the biggest fish, there where no one is rowing.

Fettered march in the night, poetry is a funhouse maze of mirrors where craft advice is left behind when the time comes to measure the world in the regions of the mind with the brittle matter of words. Each line of a poem is a point in the same geometric figure where the myth and the metaphor of the eternal are contained, are multiplied. We are a thousand times alone raised to the *nth* degree, each period at the end of a sentence opens up a door to the unknown. We can't stop, a wolf is chasing us, our breath is its howl. Poetry is the rereading of the present, the *us* as novelty before the reading; writing is a mode of reading, it's the rereading of our ancestors —to write is to reread the classics—. As in our dreams, *we invent* the poem we read. However, I don't write to please, I write to protect myself against reality. To write is to protect one's personal time. Let political science continue to worry about the limits of public opinion, let us worry with not tripping over or stepping on our neighbor in this post-beauty and *post-truth* dance. Ladies and gentlemen readers: some speak with birds, others are like them or are despite them— there are those, even, who try, with their words, to fly higher—. When I write, I stone them, I egg on the haste of their false colors. Today more than ever brave people should sail with as useless an oar as a guitar or an adjective. Roosters don't decide if day is breaking. Let's be clear: the poem is a girl who looks at herself in the mirror as she s l o w l y counts every petal of her own rose. The poem of our time is a bureaucrat's or a grant holder's journal whose space does not allow the body to fully stretch out in the presence of the urgent Muse, it's a ball-scratch that can't even rise to a jerk-off. The forest begins with the first bush someone lights on fire. Poetry is Ariadne's thread that vibrates and runs from *the music of the spheres* to *the theory of super strings*. From that thread hang all of us who go looking for it, those us who tried to listen to it as children who, with tensed string and Styrofoam glasses, make a telephone. O that someone would tell us *where the poem* now that the culture of terminology and the advanced models that explain reality is the new metaphysics of the logos. God is not dead, but dreaming(us).

/^: /^: /^: /^: /^: /^: /^:

I left my face behind). (Counting clouds

Poetry has left us talking to ourselves.

Posdata: pobresía de Nicanor Parra

No cueca larga ni hacerle al cuento,
lo tuyo eran *parraciones*. Viniste y dejaste,
a los ojos de todos, una víbora chillando.
Intentar el verso, después de ti, ya no tiene chiste:
Nica so tiene. La nueva escritura se encuentra
en los huesos. Nadie podrá recogernos la carne.

POSTSCRIPT: NICANOR PARRA'S POOR-ETRY

Neither the long cueca nor the talking in circles,
yours were *parra-phrases*. You came and you left,
in everyone's eyes, a hissing viper.
There's no charm in trying a hand at poetry in your wake:
There's nica-narry a point. The new writing is found
in the bones. No one will be able gather up our flesh.

Acerca del autor

Christopher Alexter Amador Cervantes (La Paz, Baja California Sur, México: 1984). El Instituto Mexicano de la Juventud le otorgó el Premio "Día Nacional de la Juventud" en 2006, por el cuento: "Cocaína. Los colmillos del azúcar". Se hizo acreedor al Premio Estatal de Dramaturgia (2008), Poesía (2009) y Ensayo (2010) Ciudad de La Paz. En ese último año fue nombrado presidente de la *Asociación de Escritores Sudcalifornianos* y recibió el Premio Nacional de Poesía Raúl Renán (Estado de México), el Nacional de Poesía Sonora: *Bartolomé Delgado de León,* la medalla del Congreso *Premio Estatal de la Juventud,* el Premio Joven de Poesía (ISC) y una mención por su obra "Copiar la imagen", en el *Premio Internacional de Ensayo Teatral.* En 2011 fue nombrado Coordinador Estatal de Bibliotecas Públicas y obtuvo el Premio Nacional de Poesía Tijuana y los Juegos Florales *Margarito Sández Villarino*; en 2012 el Nacional de Poesía Tuxtepec (Oaxaca), en 2013 el Nacional de Poesía Clemencia Isaura y los *Juegos Florales de Guaymas.* En 2014 es invitado a ocupar la Dirección General del Instituto Sudcaliforniano de Cultura y se le otorgaron los Juegos Florales *Ciudad de La Paz* y el Premio Nacional Tlatoani (Instituto Mexicano de Evaluación). En 2016 es incluido en la

Enciclopedia de la Literatura en México de la Fundación para las Letras Mexicanas. En 2017 recibe mención honorifica en el Concurso Nacional de Literatura ISSSTE CULTURA y es incluido como representante de la poesía joven de BCS en el libro *Parkour pop.ético (o cómo saltar las bardas hacia el poema): mapa poético*, editado por la Dirección General de Educación Superior para Profesionales de la Educación (SEP federal). En 2019 obtuvo el segundo lugar del *Premio Internacional de Ensayo <<Diderot>>* (Madrid, España). Director de la Editorial Cartonera *El ruiseñor de Teócrito*. En 2020 fue acreedor al Premio Nacional de Poesía Tintanueva y finalista en Nueva York del *II Premio Internacional de Poesía Pedro Lastra*, organizado por el Department of Hispanic Languajes & Literature de Stony Brook University. Premio Binacional de Poesía del Desierto (Sonora-Arizona) 2021. Premio Internacional de Poesía *Álvaro de Tarfe* 2022 (Madrid). Finalista de los concursos *Poetas nocturnos* y *Diversidad literaria* en Madrid (2022). Finalista del XI Premio de Literatura Experimental (Valencia, España) 2022. 2do puesto del *XX Certamen Internacional de Poesía Eduardo Carranza*. Colombia, 2022. Ganador del IX Certamen Poético Internacional "Cortijo la Duquesa Parcent" en Málaga, España. I Premio Internacional de Poesía *Mehdi Hajji Mfakker* (Cádiz, España). V Convocatoria Internacional de Ensayo "Alegranza" (Buenos Aires, 2022). 79° Concurso Internacional de Poesía

Camino de palabras (Argentina, 2022). Premio Internacional de Poesía de la Universidad de Alicante en Villena (España) 2022. Concurso Literario Internacional Ruíz De Souza Rocha (Uruguay) 2022. III Premio Internacional de Poesía *Nueva York Poetry Press* (2022). Finalista del Premio Internacional de Poesía Jovellanos, El Mejor Poema del Mundo 2023 (España). II Premio Internacional de Poesía Dolors Alberola 2023 (España).

About the Author

Christopher Alexter Amador Cervantes (La Paz, Baja California Sur, Mexico: 1984). The Mexican Institute for Youth awarded him the "National Youth Day" Prize in 2006, for his story: "Cocaine. Sugar's Fangs." He has earned the State Dramaturgy Prize (2008), State Poetry Prize (2009), and State Essay Prize (2010) given by the City of La Paz. In 2010 he was named president of the *Asociación de Escritores Sudcalifornianos* he received the Raúl Renán National Poetry (Estado de México), the National Prize For Sonoran: *Bartolomé Delgado de León*, the Congressional Medal *State Youth Prize*, the Young Poetry Prize (ISC) and a mention for his work "To Copy the Image," by the *Premio Internacional de Ensayo Teatral*. In 2011 he was named State Coordinator of Public Libraries and won the Tijuana National Poetry Prize and the *Margarito Sández Villarino* Floral Games; in 2012, the Tuxtepec National Poetry Prize (Oaxaca), in 2013 the Clemencia Isaura National Poetry Prize and the Guaymas Floral Games. In 2014 he was invited to join the General Directorship of the South Californian Cultural Institute and he was awarded the *City of La Paz* Floral Games and the Tlatoani National Prize (Mexican Institute for Evaluation). In 2016 he was included in the Encyclopedia of Mexican Literature maintained by the Foundation for Mexican Letters. In 2017 he obtained honorable mention in the ISSSTE CULTURA National Literature Contest and was included in the category for BCS youth poetry in the book *Parkour pop.ético (o cómo saltar las bardas hacia el poema): mapa poético*, edited by the General Direction of Higher Education for Professional Educators (SEP federal). In 2019 he was awarded second place in the *International Essay Prize* <<*Diderot*>> (Madrid, España). He is a Director of the Editorial Cartonera *El ruiseñor de Teócrito*. In 2020 he was awarded the Tintanueva National Poetry Prize and was named finalist of the 2nd *Pedro Lastra International Poetry Award*, organized by the Department of Hispanic Languages & Literature of Stony Brook University, New York. Premio Binacional de Poesía del Desierto (Sonora-Arizona) 2021. The Internaiional Poetry Prize *Álvaro de Tarfe* 2022 (Madrid). Finalist in the *Poetas nocturnos* and *Diversidad literaria* contests in Madrid (2022). Finalist in the 11th Experimental Literature Prize (Valencia, Spain) 2022. Second Place in the 20th International Poetry Contest *Eduardo Carranza*. Colombia, 2022. Winner of the 9th International Poetry Contest "Cortijo la Duquesa Parcent" in Málaga, Spain. The First *Mehdi Hajji Mfakker* International Poetry Prize (Cádiz, España). The 5th International "Alegranza" Essay Contest (Buenos Aires, 2022). The 79th *Camino de palabras* International Poetry Contest (Argentina, 2022). The International Poetry Prize of the Univeristy of Alicante in Villena (España) 2022. The Ruíz De Souza Rocha International Literary

Contest (Uruguay) 2022. The 3rd *Nueva York Poetry Press* International Poetry Prize (2022). Finalist in the Jovellanos International Poetry Prize, The Best Poem in the World, (España). The 2nd Dolors Alberola International Poetry Prize 2023 (España).

ACERCA DEL TRADUCTOR

Jeremy Paden (Milán, Italia: 1974) obtuvo su doctorado en literatura latinoamericana de Emory University en Atlanta, Georgia, USA, en el 2004. Es profesor de la lengua castellana y la literatura latinoamericana en Transylvania University en Lexington, Kentucky. Es también poeta y traductor literario. Sus artículos y ensayos han aparecido en varias revistas, entre ellas: *Colonial Latin American Review*, *Caliope: Journal for the Society of Renaissance and Baroque Hispanic Poetry* y *Romance Quarterly*. Es autor de varios libros de poesía tanto en inglés como en español y ha traducido a poetas de Argentina, España, Estados Unidos, Colombia, Chile, México y Perú. Sus dos libros más recientes son *world as sacred burning heart* (3: A Taos Press, 2021), una colección de poesía sobre la colonización de las Américas en el siglo XVI, y *Autorretrato como una iguana/Self-Portrait as an Iguana* (Valparaíso USA, 2021), una colección de poesía en español que tradujo al inglés al ser nombrado co-ganador del Premio Poeta en Nueva York. La Academia Norteamericana de la Lengua Española galardonó su libro ilustrado y bilingüe *Bajo el sol del ocelote/Under the ocelot sun* con un premio Campoy-Ada para libros infantiles.

About the Translator

Jeremy Paden (Milán, Italia: 1974) received his Ph.D. in Latin American Literature in 2004 from Emory University in Atlanta, Georgia, USA. He is a profesor of Spanish and Latin American Literature in Transylvania University in Lexington, Kentucky. He is also a poet and literary translator. His articles and essays have appeared in various journals, among these: *Colonial Latin American Review*, *Caliope: Journal for the Society of Renaissance and Baroque Hispanic Poetry* y *Romance Quarterly*. He is the autor of several books of poems in English and in Spanish and has translated poets from Argentina, Spain, the United States, Colombia, Chile, Mexico y Peru. His two most recent books are *world as sacred burning heart* (3: A Taos Press, 2021), a collection of poems about the colonization of the Americas in the 16th Century, and *Autorretrato como una iguana/Self-Portrait as an Iguana* (Valparaíso USA, 2021), collection of Spanish language poems that he translated to English on having been named co-winner of the first Poet in New York Prize. The North American Academy of the Spanish Language awarded his illustrated and bilingual book *Bajo el sol del ocelote/Under the ocelot sun* with a Campoy-Ada Prize for children's books.

ÍNDICE / TABLE OF CONTENTS

PARRAÍSO DEL TON[T]O (UN) SOLEMNE
PARRADISE OF (A) SOLEMN SIMPLETON[E]

Manual para imitar la voz de Parra · 17
Handbook for Imitating Parra's Voice · 19

Emparrado · 22
Parra-plastered · 23

Instrucciones para arrojar del riñón la primera piedra · 24
Instructions for Throwing the first stone from the kidney · 25

Advertencia al criticón · 26
Warning to the Nit-Picker · 27

Meta del antifan · 28
The Goal of the antifan · 29

Mont blanc: el elefante blanco · 30
Mont blanc: The White Elephant · 31

Diario de antimuerte · 32
Antideath Diary · 33

Corriente literaria · 34
Literary Mainstream · 35

Receta de tomate y Chile · 36
tomato and Chile Recipe · 37

Parra entender a Nica · 38
N ORder to Understand Nica · 39

Adiós Nicanor · 40
Goodbye Nicanor · 41

Me cago en voz · 42
I Shit on (Yo)Use · 43

La fuente de Duchamp · 44
Duchamp's Fountain · 45

Otra voz en el desierto de Zurita · 46
again Some Voice in Zurita's Desert · 47

Su real ismo · 48
Sur real ism · 49

Tanteos · 50
Guesswork · 51

Arte antipoética · 52
Antipoetic Art · 53

Son netos · 54
Son nets · 55

PostParra · 56
PostParra · 57

Nota recordatoria para un poema pendiente
temáticamente obligado · 58
*Reminder Note For a Pending Poem
On a Set Theme* · 59

Elogio de la oreja · 60
In Praise of the Ear · 61

Yo soy el individido · 62
I am the Undividedual · 63

Parrasadas · 64
Parrasadas · 65

Escuela púbica · 66
Pubic School · 67

Acta de renazi miento · 68
Certificate of ReNazi Li(senc)e · 69

Paz ciencia · 70
Paz (S)cience · 71

Virtudes del mundo moderno · 72
Virtues of the Modern World · 73

Desafíos del antipoeta · 74
Challenges of the Antipoet · 75

Cartas a una muy conocida · 76
Letters to a Woman Very Well-Known · 77

Hugh Hefner lee a Nicanor Parra · 78
Hugh Hefner Reads Nicanor Parra · 79

Cuidadito · 82
Careful · 83

Epílogo · 84
Epilogue · 84

ARTEINFARTOS
HE**ART**ATTACKS

Palabras de abogado en mi defensa y representación · 88
Lawyer's Words in my Defense and on my Behalf · 89

Instrucciones parra el poema práctico · 90
Instructions for the Practical Parra-Poem · 91

Par®ar el tiempo · 92
To Stoppa®d Time · 93

Y cuando el foco se rompió · 94
And When the Spotlight Broke · 95

Corrección de estilo · 96
Style Correction · 97

El silencio es una gallina · 98
silence Is a Hen · 99

ES[perar]P[arra]JO[derte] · 100
M_{arking t}I_{me to bugge}RR_yO_u R_{eal good} · 101

Anti Pablemas · 102
Anti Pablaxioms · 103

¡Viva Violeta! · 104
¡Long Live Violeta! · 105

Matamoscas tampoco · 106
Neither a Fly swatter · 107

El premio no ver · 108
The No Bel(vedere) Prize · 109

Causa de muerte · 110
Cause of Death · 111

El hombre paisa g · 112
the Fellow Country(side) · 113

Nanosermones del energúmeno. I · 114
Nanosermons of the Raving Lunatic. I · 115

Nanosermones del energúmeno. II · 116
Nanosermons of the Raving Lunatic. II · 117

Postcoital · 118
Postcoital · 119

Dando y dando almas sudando · 120
Giving and Taking Souls Working Up a Sweat · 121

La Nicanorfosis · 122
Nicanorphosis · 123

En los primeros versos mi corazón era un kiosko · 124
In the First Poems My Heart Was a Kiosk · 125

Herencia · 126
Inheritance · 127

Irreverente · 128
Irreverent · 129

La negra Ester · 130
Black Esther · 131

El (d)arte es la memoria del espíritu · 132
El (d)arte Is the Spirit's Memory · 133

El reparrador de versos · 134
The RePa(i)rrer of Poems · 135

Antiepitafio · 136
Antiepitaph · 137

VERSOS DE A**PARRA**DOR
CUPBOARD POEMS

Parraterminar con el mamonismo · 140
To Stoppard Moocherism · 141

Nica so ti n d cir que · 142
Nor Did I Hav 2 Stoppard 2 Say It · 143

A dónde vamos a parrar · 144
Where Will This Stoppard · 145

Ni broma de mal gusto · 146
Neither tasteless jokes · 147

De la mano de Sir Newton · 148
Holding Sir Newton's hand · 149

Nica so tiene · 150
It Makes no Sense · 151

MIRando el cielo olvidé mis _j_s · 153
LO*oking at the sky I forgot my _y_s* · 154

Por buscar el zapato izquierdo · 154
B/c I Was Looking for the Left Shoe · 155

Manifiesto. De "pequeño dios" a ventrilopoeta · 157
Manifesto. From "Little God" To Ventrilopoet · 163

Posdata: pobresía de Nicanor Parra · 168
Postscript: Nicanor Parra's Poor-etry · 169

Acerca del autor · 173
About the Author · 177

Acerca del traductor · 181
About the Translator · 184

WINNING WORKS

2020
Idolatría del huésped
Idolatry of the Guest
César Cabello

2021
La marcha de las hormigas
The March of the Ants
Luis Fernando Rangel

2022
Parraíso del ton[t]o (un) solemne
Parradise of (a) Solemn Simpleton[e]
Christopher Amador

HONORABLE MENTIONS

2020

Postales en braille
Postcards in Braille
Sergio Pérez Torres

Isla del Gallo
Juan Ignacio Chávez

Sol por un rato
Yanina Audisio

Venado tuerto
Ernesto González Barnert

2021

Mapa con niebla
Fabricio Gutiérrez

Los Hechos
Jotaele Andrade

POETRY
COLLECTIONS

ADJOINING WALL
PARED CONTIGUA
Spaniard Poetry
Homage to María Victoria Atencia (Spain)

BARRACKS
CUARTEL
Poetry Awards
Homage to Clemencia Tariffa (Colombia)

CROSSING WATERS
CRUZANDO EL AGUA
Poetry in Translation (English to Spanish)
Homage to Sylvia Plath (United States)

DREAM EVE
VÍSPERA DEL SUEÑO
Hispanic American Poetry in USA
Homage to Aida Cartagena Portalatín (Dominican Republic)

FIRE'S JOURNEY
TRÁNSITO DE FUEGO
Central American and Mexican Poetry
Homage to Eunice Odio (Costa Rica)

INTO MY GARDEN
English Poetry
Homage to Emily Dickinson (United States)

I Survive
Sobrevivo
Social Poetry
Homage to Claribel Alegría (Nicaragua)

Live Fire
Vivo Fuego
Essential Ibero American Poetry
Homage to Concha Urquiza (Mexico)

Feverish Memory
Memoria de la Fiebre
Feminist Poetry
Homage to Carilda Oliver Labra (Cuba)

Reverse Kingdom
Reino del Revés
Children's Poetry
Homage to María Elena Walsh (Argentina)

Stone of Madness
Piedra de la Locura
Personal Anthologies
Homage to Julia de Burgos (Argentina)

Twenty Furrows
Veinte Surcos
Collective Works
Homage to Julia de Burgos (Puerto Rico)

Wild Museum
Museo Salvaje
Latin American Poetry
Homage to Olga Orozco (Argentina)

OTHER COLLECTIONS

Fiction
INCENDIARY
INCENDIARIO
Homage to Beatriz Guido (Argentina)

Children's Fiction
KNITTING THE ROUND
TEJER LA RONDA
Homage to Gabriela Mistral (Chile)

Drama
MOVING
MUDANZA
Homage to Elena Garro (Mexico)

Essay
SOUTH
SUR
Homage to Victoria Ocampo (Argentina)

Non-Fiction/Other Discourses
BREAK-UP
DESARTICULACIONES
Homage to Sylvia Molloy (Argentina)

For those who think like Albert Camus that "thinking is, above all, wanting to create a world (or imitating one's own, which is equivalent to the same)" this book was completed in September 2025 in the United States of America.

www.ingramcontent.com/pod-product-compliance
Lightning Source LLC
Chambersburg PA
CBHW020052170426
43199CB00009B/254